8

L.K 556.

LANGUEUR

DE

L'ALGÉRIE

SES CAUSES

ET LE MOYEN D'Y REMÉDIER

> Les pays ne sont pas cultivés en
> raison de leur fertilité, mais en
> raison de leur liberté.
>
> MONTESQUIEU.

PAR

F°. LEBLANC DE PREBOIS

Ex-Représentant de l'Algérie à l'Assemblée Constituante,

ALGER

IMPRIMERIE TYPOGRAPHIQUE BOUYER.

1862

ALGER

IMPERIAL
5 cen

LANGUEUR DE L'ALGÉRIE

Ses causes et le moyen d'y remédier.

Lorsqu'un malade est à l'extrémité et que les médecins ont épuisé toutes les ressources de leur art, on se décide à réunir une consultation dans l'espoir de trouver une panacée capable de ressusciter le moribond.

Mais il arrive le plus souvent que la consultation ne sert qu'à absoudre les médecins traitants et à signer la condamnation du patient.

La consultation est convoquée pour l'Algérie, c'est le Sénat qui la compose et qui est chargé de trouver le remède destiné à rendre la vie à la colonie.

Cependant, au rebours des malades ordinaires, l'Algérie, quoique agonisante, peut encore revenir à la santé. même à une santé florissante, mais à une condition, c'est que la cause de la maladie étant bien constatée, la consultation aura non-seulement la volonté, mais le pouvoir d'appliquer le remède.

Tout le monde connaît la méthode thérapeutique du célèbre docteur Sangrado, la *saignée* et l'*eau chaude*, c'est-à-dire la *diète*. Eh bien, c'est à ce régime que, dès 1830, l'Algérie a été mise, bien qu'elle ne fut nullement malade.

Lesage nous apprend cependant que le docteur Sangrado n'appliquait sa méthode curative qu'à ceux qui recouraient à ses soins, tandis que le Sangrado de l'Algérie s'est assis d'autorité à son chevet, bien qu'elle fut pleine de sève et de vie et, bon gré malgré, l'a amenée à l'état de marasme où nous la voyons aujourd'hui.

Or, quel est le Sangrado de l'Algérie? Tout le monde l'a nommé, c'est la *centralisation administrative*.

Mais, qu'est-ce que la *centralisation administrative*? c'est, disent MM. de Tocqueville et Béchard, ce travail incessant des légistes qui, entrés dans le gouvernement dès le 13ᵉ siècle, sous Philippe-le-Bel, a réuni toute l'administration publique entre les mains de quelques ministres et de leurs préposés supérieurs et subalternes, de telle sorte que la nation est interdite d'administrer ses propres affaires, qu'elle ne peut agir et se mouvoir que par les ressorts de la bureaucratie, en un mot, qu'elle n'a pas d'existence propre. C'est, ajoute le second, une pyramide posée sur sa pointe.

Plus heureux que ces publicistes qui ont donné de la centralisation administrative des définitions plus ou moins comprises, nous allons la voir à l'œuvre dans un pays où elle s'est prélassée tout à son aise, où sa puissance créatrice a pu se révéler tout entière et où le doute ne sera plus possible sur sa valeur réelle.

Ce n'est donc point, comme on pourrait le croire, l'administration algérienne que nous avons en vue. L'administration algérienne n'est qu'un rameau de la centralisation administrative métropolitaine étendu sur l'Algérie ; il n'a donc pu y produire d'autres fruits que ceux qu'elle produit en France.

II.

Après 32 ans d'occupation, le bilan de l'Algérie se résume en ces termes : *Deux milliards de francs dépensés pour n'avoir fondé dans ce pays qu'à peine la valeur d'un demi département moyen de la France.* Quand nous disons un demi département moyen de la France, les chiffres officiels suffisent pour démontrer la vérité de cette évaluation : 180 lieues carrées (de 4 kilomètres) ont été livrées à la colonisation. Elles sont habitées par environ 200.000 Européens. Sur ce nombre d'Européens, moitié à peu près sont français et 120,000 sont habitants des villes. Reste donc environ 80 000 âmes pour les bourgs, villages et fermes.

Ce bilan n'a cependant point échappé au gouvernement métropolitain, car il est de ces faits qui parlent plus haut que la polémique la plus ardente et qui soulèvent des doutes dans la conscience de ceux-là même qui dirigent cette œuvre.

Nous lisons, dès la page 2 du rapport fait le 20 mai 1854 par M. le Maréchal Vaillant, alors Ministre de la guerre, les paroles suivantes : « On veut bien reconnaî- « tre que les résultats obtenus sur la portion de terri- « toire cultivée par les Européens sont remarquables, « *mais on paraît croire* qu'ils ne répondent pas à « l'importance des sacrifices et des efforts faits pen- « dant les 24 années écoulées. »

Qui dictait ce mélancolique aveu à M. le Maréchal Vaillant, si ce n'est un cri de sa conscience, alors que depuis longtemps la presse et les publicistes gardaient le silence sur les affaires de la colonie.

Tout a été dit sur les immenses avantages que la France peut tirer de sa riche conquête algérienne, nous épargnerons donc au lecteur un inutile panégyrique.

Mais, dès l'instant que l'on ne peut rationnellement attribuer à l'Algérie les causes qui ont fait qu'en 32 ans, la France n'a pu créer dans cette vaste colonie que la valeur d'un *demi* département moyen de la métropole, il est tout simple de rechercher à quoi est dû cet insuccès.

Bien qu'il soit aujourd'hui de notoriété publique en France et en Europe, que nous sommes décidés à coloniser l'Algérie, on n'a pu réussir à détourner le flot de l'émigration européenne et même française, du chemin des deux Amériques.

Et cependant quelle différence entre les facilités d'expatriation ! Pour aller aux Etats-Unis ou au Brésil, il faut posséder une somme considérable pour payer seulement la traversée, tandis que pour aller en Algérie, le gouvernement français a presque toujours fait remise aux émigrants des frais de passage de Marseille à Alger.

Ces faits sembleraient certainement accuser chez

les émigrants un défaut d'intelligence de leurs intérêts bien entendus, ou donner raison à la fable des
moutons de Panurge, mais comme ici-bas tout a sa
raison d'être, voici l'explication de cette répugnance
de l'émigration à venir en Algérie.

En Amérique, les émigrants trouvent aussitôt après
leur arrivée *des terres disponibles et la liberté de faire
leurs affaires,* tandis qu'en Algérie les émigrants ne
trouvent *ni terre, ni liberté et sont accablés d'impôts
et de taxes de toutes sortes.*

M. le colonel Ribourt, dans une brochure intitulée
le gouvernement de l'Algérie de 1852 à 1858 dit page
65 « Le ministre de la guerre, en 1857, a délivré plus
de 80,000 passages gratuits ; il y a eu plus de 70,000
retours. »

Ces 70,000 retours, en une seule année, ne sont-
ils pas une preuve palpable que les émigrants n'ont
pas trouvé en Algérie ce qu'ils y désiraient, car il est
impossible de supposer que ce nombre ait été celui
des touristes.

Or, admettons que depuis dix ans seulement, le
nombre des retours ait été de 300,000, on comprendra
que 300,000 déceptions en dix ans ont dû suffire
pour discréditer complètement l'Algérie, non-seulement en France mais encore en Europe.

On a donc raison quand on affirme que ce ne sont
pas les colons qui ont manqué à l'Algérie ; mais que
c'est l'Algérie qui y a manqué aux colons.

N'est-ce pas en effet un fait étrange, que dans un
pays à coloniser, le premier obstacle qui se présente
soit l'absence presque absolue de terres disponibles
pour la colonisation ?

En voici l'explication :

A peine l'armée française fût-elle entrée à Alger
que des officieux, malheureusement toujours accueil-
lis, surent persuader l'autorité française, qu'en vertu
des lois du Coran et de ses commentateurs, la
terre conquise devenait, par le seul fait de la
conquête, la *propriété* du conquérant et que les
vaincus n'y étaient tolérés qu'à titre d'usufruitiers,
conséquemment que la France s'étant substituée au
gouvernement turc toute la terre d'Algérie, sauf de

rares exceptions, devenait la propriété de l'Etat.

Forts de ce principe anti-social, les premiers administrateurs de l'Algérie crurent avec la naïve confiance des théoriciens, que le peuple arabe accepterait avec soumission la fiction du Coran et qu'ils allaient, à la première sommation, évacuer les terres dont nous aurions besoin. Aussi ces administrateurs, lorsqu'ils virent que dès 1830, les transactions entre Arabes et Européens avaient commencé, se hâtèrent-ils d'interdire toute vente de terre, alléguant que les Arabes n'avaient pas le droit de vendre ce qui appartenait à l'Etat. Dès-lors, l'Algérie devint la conquête non de la France, mais de l'administration, car à partir de ce moment, elle se réserva à elle seule la disposition des terres conquises.

On n'oubliait qu'une chose, c'est que sous les Turcs nos prédécesseurs, l'expropriation générale émanant du droit de conquête, était toujours restée à l'état de lettre morte et n'avait jamais été mise en pratique.

Les Turcs, il est vrai, avaient quelquefois déplacé quelques tribus, mais comme en définitive ces tribus avaient toujours reçu en échange, un territoire équivalent à celui qu'on leur avait ôté, il n'en était résulté que des inconvénients assez minimes pour une population nomade.

Il en fut autrement, lorsque excipant du prétendu droit de conquête, nos administrateurs voulurent mettre à exécution la loi musulmane et crurent qu'il suffisait d'un simple arrêté pour déposséder les indigènes du territoire nécessaire à la formation des premiers villages, alors toute la population arabe s'émut et la poudre parla.

Nous qui avons suivi pas à pas presque toutes les phases de la guerre, nous avons la conviction que la lutte si longue et si dispendieuse de la France avec les Indigènes a eu pour principale cause ce commencement de spoliation.

On a prétendu que le fanatisme seul avait armé contre nous la population musulmane ; il a certainement pu y contribuer par suite des ardentes excitations des marabouts à la guerre sainte. Mais l'expérience des 32 années écoulées nous a démontré que les musulmans acceptent avec résignation ce qu'ils croient être l'arrêt de la fatalité.

Dès lors, passer du joug des Turcs, qu'ils aimaient médiocrement, sous celui des chrétiens, aurait fort peu ému les Arabes, si nous n'avions point attenté au droit qu'ils se croient de posséder le pays qui les a vu naître; mais leur résignation n'y tint pas, lorsqu'ils nous virent mettre à exécution l'expropriation sans compensation.

Si l'on doutait que telle a été la cause de la guerre, nous citerons encore une phrase de la brochure de M. le colonel Ribourt qui, pendant six ans a été le chef de cabinet de M. le Maréchal Randon.

« Cette grande œuvre de la colonisation, dit-il, ne
» consiste pas seulement à trouver un bon site et à y
» installer des colons, il importe d'assurer aux nou-
» veaux villages des terres sur lesquelles nul indi-
» gène n'ait un droit direct ou *détourné*, car toute
» contestation *amène là bien vite des coups de fusil*.

Et cependant, chose incroyable, après une guerre de vingt années, en 1851, sur la proposition de la centralisation administrative, l'Assemblée Législative qui se serait levée tout entière pour repousser la théorie de certains socialistes qui voulaient exproprier les propriétaires français pour faire de leurs terres le domaine de l'Etat, consacra par une loi, la même théorie appliquée aux Arabes.

Nous sommes donc complètement de l'avis émis récemment au Sénat par M Barbaroux, savoir, que le moyen le plus juste, le plus pratique et le moins dispendieux d'obtenir des terres pour la colonisation est de les acheter.

En effet, les 288 mille hectares composant les 180 lieues carrées livrées jusqu'à présent à la colonisation, payés à raison de 20 francs l'hectare (prix énorme en 1830) n'auraient coûté que 6 millions, tandis que la guerre causée par les arrêtés successifs de prise de possession a certainement coûté un milliard et demi de francs

Aujourd'hui on a renoncé à ce mode d'expropriation, et l'on en a inventé un autre : c'est le *cantonnement* des Arabes.

Le cantonnement consiste en ceci : Assurer à chaque famille arabe la propriété d'un lot de terre jugé suffisant pour subvenir à sa subsistance, moyennant la cession forcée à l'Etat de tout le reste du sol.

Veut-on savoir en quoi consiste le lot de terre assigné à chaque famille arabe par le cantonnement? Nous en trouvons un aperçu dans la brochure de M. le colonel Ribourt.

Il dit, page 61, « 28.000 hectares servirent à indemniser 2.232 familles indigènes » ce qui fait 12 hectares et demi par famille.

A ce sujet, nous ferons une réflexion qui frappera sans doute le lecteur.

Le Tell, ou la partie cultivable de l'Algérie, contient environ 12 millions d'hectares. La population indigène sur cet espace est. d'après les statistiques, d'environ 2 millions d'âmes.

Supposons la famille arabe composée de 8 personnes, (car les nomades ont presque tous plusieurs femmes), les 2 millions d'Arabes forment 250,000 familles. Ces familles jouissent donc en moyenne chacune de 48 hectares. conséquemment, leur attribuer 12 hect., c'est les priver des trois quarts de leurs ressources, c'est les faire passer brusquement de l'état nomade à celui de petits propriétaires fonciers, sans les avoir préparées, par une bonne entente de la culture à tirer de leurs terres le meilleur parti possible. C'est, selon nous, avoir décrété leur ruine. Aussi les funestes résultats de cette mesure inconsidérée n'ont-ils pas tardé à se manifester.

Ne pouvant plus nourrir leurs bestiaux, les familles cantonnées ont été obligées de les vendre à vil prix.

Puis l'usure, ce fléau de nos campagnes en France, est venue s'abattre sur elles. Déjà d'après les renseignements certains que nous nous sommes procurés, nous savons que la plupart des lots sont grevés d'hypothèques et l'on peut prévoir avec certitude l'époque à laquelle ils tomberont entre les mains des usuriers.

Qu'on joigne à ce fléau de l'usure, les exactions que commettent de temps immémorial les chefs arabes, et l'on se fera une idée nette de l'avenir que le cantonnement prépare à la population indigène.

Quand le moment de l'expropriation sera venu, les populations cantonnées retomberont sans feu ni lieu au milieu des arabes non cantonnés. On se ferait une étrange illusion en croyant que cet avenir ne causera aucune émotion. Il est plus que certain, que pour échapper à cette ruine, les arabes auront recours à leur méthode ordinaire, *la guerre*. Mais cette fois-ci, la guerre sera implacable, car ils combattront *pro aris et focis*. Ce ne seront plus des groupes isolés plus ou moins nombreux, que nous aurons à vaincre, mais une force que M. le général Daumas évalue à 300,000 fantassins et 80 mille cavaliers.

Tel sera le résultat des théories administratives élaborées par les hommes de cabinet.

On concevrait encore que la centralisation administrative se fut aveuglée sur les terribles éventualités que nous prévoyons, mais nous ne pouvons admettre qu'elle ignore l'inanité du cantonnement, pour accélérer le peuplement

Nous ne savons pas comment opèrent les commissions de cantonnement, cependant nous allons en juger par comparaison avec les procédés de l'administration préfectorale pour fonder des villages.

Pour fonder un village de 60 feux, par exemple, c'est-à-dire de 60 familles à 6 personnes par famille ou de 360 colons, on commence par employer plusieurs mois pour reconnaître les terres et l'emplacement du village. Il faut ensuite plusieurs mois pour l'arpentage et l'allotissement des terres, puis plusieurs autres mois pour les formalités de mise en possession, enfin encore plusieurs mois pour que les colons puissent s'installer

Il faut donc au moins un an pour fonder un village.

Avec toute l'activité dont les bureaux sont susceptibles, chaque préfecture ne peut au plus fonder que deux villages par an, c'est-à-dire 6 villages pour les trois préfectures, ce qui ne fait que 2.160 colons installés chaque année.

Il ne faudra donc pas moins de 500 ans, pour compléter un million de colons en Algérie.

Si pour aller plus vite, on crée douze préfectures

au lieu de trois, il faudra 125 ans pour arriver au million de colons.

Or, il est évident que le cantonnement ne peut guère opérer plus rapidement, car la reconnaissance des terres, l'arpentage, l'allotissement et les formalités de mise en possession, prendront à peu près autant de temps qu'il en faut pour créer les centres européens.

Le cantonnement, n'étant donc pas un moyen rapidement praticable pour activer le peuplement du pays, reste ce qu'il est, savoir : une spoliation qui contient le germe d'une grande catastrophe.

Toutefois, il a un résultat certainement imprévu par l'administration, c'est de faire la fortune des usuriers.

III.

Si l'on a bien compris ce qui précède, on voit clairement que l'administration a pris possession, pour *elle seule*, de toute l'Algérie, qu'elle a voulu *tout faire, tout diriger*, à l'exclusion absolue de toute la force impulsive qui réside essentiellement dans les capitaux privés et dans les populations.

A quoi a-t-elle abouti ? à une guerre de 20 années, dont les frais se comptent par millards, et à une colonisation éphémère à peine équivalente à la moitié d'un département moyen de France.

Cette action isolée de l'autorité, à l'exclusion de toute *participation de la nation*, est ce qu'on appelle *la centralisation administrative*. Sous l'impulsion unique de la centralisation administrative, l'Algérie est devenue un pays où *tout est défendu*, hormis ce qui est *spécialement permis*, tandis qu'au contraire tout aurait dû y *être permis*, excepté ce qui aurait été *spécialement et rarement défendu*.

Sous ce régime encore en pleine vigueur, l'Algérie est malade de pléthore *d'institutions, de réglements, d'impôts et de taxes* ; elle est épuisée de ce qui fait la vie d'un pays, c'est-à-dire de bras et de capitaux, pour mettre en valeur sa seule richesse aujourd'hui bien constatée, savoir : la fertilité de son sol.

« La centralisation administrative, dit M. de Tocque-

« ville. dans son ouvrage (de la Démocratie en Amé-
« rique), réussit sans peine à imprimer une allure
« régulière aux affaires courantes, à régenter savam-
« ment les détails de la police sociale, à réprimer les
« légers désordres et les petits délits, à maintenir la
« société dans un *statu quo* qui n'est proprement ni
« une décadence, ni un progrès, à entretenir dans le
« corps social une somnolence administrative que
« les administrateurs ont coutume d'appeler bon ordre
« et tranquillité publique. Elle excelle en un mot,
« *non à faire*, mais *à empêcher*. Lorsqu'il s'agit de
« remuer profondément la société, ou de lui imprimer
« une marche rapide, sa force l'abandonne. Pour peu
« que ses mesures aient besoin du concours des indi-
« vidus, ont est tout surpris alors de la faiblesse de
« cette immense machine; elle se trouve tout à coup
« réduite à l'impuissance. »

Ces paroles ne sont-elles pas prophétiques appli-
quées en Algérie. Ne voit-on pas clairement que la
centralisation administrative qui aurait suffi à maintenir l'Algérie dans le *statu quo*, s'il y eut eu une
population établie, n'a réussi qu'à *tout empêcher*, et
que sans le concours d'une population elle s'est trou-
vée réduite à l'impuissance.

Non-seulement elle n'a rien créé. car on ne saurait
appeler *création*, de minces résultats obtenus à grand
renfort de budget mais elle s'est exposée à voir dé-
truire son embryon de colonisation. La loi de 1851
contient la prohibition formelle aux Européens d'ac-
quérir aucune propriété des Arabes en dehors de li-
mites fort étroites. En revanche, rien n'empêche les
Arabes d'acheter les terres livrées par l'administration aux Européens, en sorte qu'à un moment donné,
(il ne s'agit que d'y mettre le prix), tout le territoire
dit colonisé, peut rentrer en la possession des indigènes, et ce mouvement se manifeste déjà ; les Arabes surenchérissent les terres vendues à l'adjudica-
tion ; preuve matérielle qu'ils ont moins de répugnance qu'on ne croit à se mêler aux Européens.

Sans doute, pour arrêter cette tendance, la centralisation interdira aux Arabes l'achat des terres. Vain
palliatif qui ne fera pas avancer d'un pas la coloni-

sation. et qui rentrera parfaitement dans notre thèse, savoir qu'elle ne sait agir que par voie d'interdiction et jamais par voie d'initiative.

Interdiction toujours et partout est le seul et unique souci de la centralisation : le Préfet d'Oran a fait savoir au Consul espagnol, qu'à l'avenir, on n'admettrait dans la colonie que des familles pouvant justifier de moyens d'existence.

Ceci nous rappelle une anecdote : M. de Foy, bien connu à Paris, comme entremetteur de mariages, reçut un jour la visite d'un jeune homme qui, alléché par les belles dots promises, se présenta comme épouseur. — Très bien, lui dit M. de Foy, mais vous comprenez que nos frais de soirée pour les présentations sont considérables, ce qui nous oblige à vous demander une avance de 50 fr. — Parbleu, répondit le jeune homme, est-ce que je penserais à me marier si j'avais 50 fr.

Per Dios, peuvent répondre les Espagnols au Préfet d'Oran; est-ce que nous viendrions dans votre département, si nous avions des moyens d'existence chez nous.

N'est-ce pas une preuve manifeste d'impuissance, que d'être obligé de repousser une population toute acclimatée et de n'avoir su lui procurer aucun travail dans un pays où tant de bras seraient nécessaires.

La centralisation administrative n'est donc autre chose que le règne des légistes qui se portent fort pour la nation, qui prétendent savoir le plus grand bien du peuple, distinction heureuse qui permet d'agir en son nom sans le consulter et de réclamer sa reconnaissance en le foulant aux pieds.

« Quant à moi, dit M. le maréchal Vaillant, dans
« son rapport précité, je n'hésite pas à le déclarer à
« Votre Majesté. Il ne faut rien moins que le zèle et
« et le dévouement incessant de tous les fonctionnai-
« res en Algérie pour ne pas plier sous le fardeau
« qui pèse sur eux. »

Et cependant jusqu'à aujourd'hui, aucun n'est mort à la peine que nous sachions.

IV

Nous pensons avoir suffisamment fait comprendre pourquoi dans un pays à coloniser, il n'y avait aucune terre à livrer aux colons au fur et à mesure de leur arrivée. Nous avons également prouvé que par les moyens mis en pratique par la centralisation administrative, il ne faudrait pas moins de cinq cents ans pour arriver à peupler l'Algérie d'un million de cultivateurs. Or, n'est ce pas là une vraie *diète* imposée à l'œuvre de la colonisation.

Nous allons maintenant prouver que cette même centralisation administrative, si son action est continuée, sera la cause de la ruine complète de ce qui existe aujourd'hui en Algérie. Il va s'agir de la saignée ajoutée à la diète.

Le budget de la colonie est ainsi formulé.

RECETTES.

Contributions directes et patentes....	740.000 fr.
Enregistrement, timbre, domaine.....	5.250.000
Forêts.................................	200.000
Contributions indirecte...............	1.750.000
Postes................................	932.000
Contributions a ages.................	9.536.000
Produits divers, redevances, mines, télégrephie........................	997.000
Recettes de différentes espèces......	3.000
Douanes..............................	4.300.000
TOTAL.....	23.708.000 fr.

DÉPENSES.

Administration (personnel) 511.700 centrale.... (matériel) 92.000	603.700 fr.
Publications, expositions, missions, secours et récompenses.............	43.000
Dépenses secrètes....................	90.000
Administration générale et provinciale	2.598.100
Service de la justice musulmane......	89.000
A reporter..	3.423.800

Report	3.423.800
Service de l'instruction publique musulmane	106.000
Service du culte musulman	68.500
Services financiers	2.713.865
Colonisation et topographie	2.849.150
Travaux publics	6.787.700
Services indigènes	384.500
Service maritime et surveillance de la pêche	481.800
Frais de trésorerie	480.000
Dépense du service des douanes	1.052.015
Frais de justice criminelle	120.000
Frais de la justice française	750.500
Dépense de l'instruction publique	238.400
Dépense des cultes	885.000
TOTAL	20.841.830 fr.

Reste sur les recettes une somme de 2,866,170 fr. que la métropole s'adjuge et, qui cependant serait si nécessaire à la colonie.

Si des 23,708,000 fr. du budget des recettes on ôte l'impôt arabe, reste une somme de 14,172,000 à la charge de la population coloniale, dont le chiffre ne dépasse pas 200.000 âmes, c'est-à-dire qu'en Algérie chaque Européen paye annuellement, en moyenne, 75 fr. 86 centimes, tandis qu'en France la moyenne de l'impôt, par habitant, est de 50 fr.

Que veut-on que viennent faire en Algérie des familles d'émigrants dont chaque membre est soumis à un impôt annuel de 75 fr., c'est-à-dire à une surtaxe de 25 fr. de plus qu'en France ? Et tout cela sans compter les taxes municipales.

N'est-ce pas décourageant que pour être entravé de toute part par l'Administration, chaque colon lui paie une redevance de 75 fr. 86 centimes par an.

Mais ce n'est pas tout encore, la centralisation administrative trouve que l'Algérie ne rapporte pas assez au budget et prépare dit-on l'établissement de l'impôt foncier. Si ce dernier coup est porté à la colonie, ce sera le signal du départ de presque tous les colons. Quel impôt foncier est-il possible de demander à des terres presque partout hypothéquées et que l'expropriation a déjà fait changer de mains plusieurs fois.

La centralisation ignorerait-elle que la plupart des villages sont à vendre, que l'un (Affreville), a été baptisé du nom de Camp des hypothèques, que la dépopulation des campagnes s'opère avec une effrayante rapidité et que la mort succède partout au peu de vie qu'on y remarquait avant le développement extrême qu'a pris la bureaucratie.

Si on examine le détail du budget des recettes on y voit que l'enregistrement, le timbre, les contributions directes, patentes, contributions indirectes et douanes forment un total de 12,040.000 fr. prélevés sur une colonie qui se meurt.

Par qui sont absorbés ces 12,040.000? Par l'Administration centrale, l'Administration générale et provinciale, par les services financiers, par la colonisation, enfin par les 2.886,170 fr. que la métropole s'adjuge, c'est donc là le prix que coûte la centralisation administrative pour entraver partout le progrès et étouffer l'initiative des capitaux privés et des colons.

Veut-on savoir ce que coûte l'installation d'une famille de colons par les soins de la centralisation administrative? En voici le calcul :

Nous avons dit précédemment que les trois préfectures ne pouvaient fonder que six villages par an, c'est-à-dire installer que 360 familles.

Or, l'administration générale et provinciale, la colonisation, la topographie, n'absorbent pas moins de 5,447.250 fr. par an. Divisant cette somme par 360, on trouve que l'installation d'une seule famille coûte 15,131 fr. sans qu'elle reçoive autre chose que la terre nue. On donne généralement à chaque famille 12 hectares, il s'en suit qu'un seul hectare colonisé revient à 1,261 fr. Et qui paie ces frais énormes? La population civile de la colonie.

Le budget est vraiment plein d'enseignements quand on veut se donner la peine d'y lire autre chose que des chiffres.

Poursuivons donc cet examen. L'impôt arabe est porté pour 9,536.000 fr. lesquels répartis sur une population indigène évaluée à 2 millions d'âmes, donnent une moyenne annuelle et par tête de 4 fr. 75 cent. Véritablement un tel état de chose est de nature à porter nos colons à demander la naturalisation arabe.

Il est un fait qui aurait dû cependant ouvrir les yeux de la centralisation administrative et que M. le Duc de Malakof peut attester, lui qui a fait partie de l'armée d'invasion en 1830, c'est que depuis cette époque, le prix des denrées a plus que quintuplé. Il nous souvient en effet qu'alors, une poule coûtait de 25 à 30 centimes, un mouton 1 fr. 25 cent., un bœuf 10 à 12 fr. et un cent d'oranges de 30 à 50 centimes. Or, les arabes ne consomment pas plus aujourd'hui qu'en 1830 ; leur richesse a donc plus que quintuplé.

Il n'y a donc pas proportion entre l'accroissement de leurs richesses et la quotité de l'impôt auquel ils sont soumis. On pourrait donc sans injustice le quintupler et en obtenir 48 millions au lieu de 9, soit 39 millions en sus.

Mais nous ne croyons pas la population arabe exempte de cet impôt de 39 millions, car nous ne faisons pas à la hiérarchie des fonctionnaires arabes l'injure de les croire assez ineptes pour ne pas s'être aperçus de cette augmentation de la richesse des arabes et pour leur laisser entre les mains cet impôt que nous leur abandonnons si bénévolement.

Voici deux faits à l'appui de cette assertion :

On lit dans une brochure de M. le général de Bourjoly qu'étant chargé de donner l'investiture à un kalifat (Sidi-el-Arribi, nous croyons), il lui dit en lui remettant le burnous : « vous recevrez 18.000 fr. de traitement. » Vous serez payé exactement, répondit le kalifat prenant le change et croyant que ce chiffre de 18.000 fr. était celui de la redevance qu'on lui demandait et le trouvant très modique. »

M. le colonel Ribourt rapporte ainsi dans sa brochure le fait suivant : « Le Maréchal Randon recevait la visite de quelques chefs de la division qu'il avait connus autrefois. Un d'eux lu

« dit : *Quand donc me laisseras-tu manger ?* Le maré-
« chal qui lui trouve la mine prospère, s'étonne. —
« Tu ne me comprends pas, dit l'arabe, je te demande
« un commandement. »

Il nous souvient que l'agha de la plaine, en 1831,
quitta notre service en faisant dire à M. le duc de Ro-
vigo qu'il faisait avec nous un métier de dupe. Il recevait cependant 72,000 fr. par an.

Il est évident que tant que l'on maintiendra debout
la hiérarchie des fonctionnaires arabes nous devons
renoncer aux 39 millions que nous pourrions tirer annuellement des arabes, et cependant cette perte cu-
mulée pendant dix ans aurait largement suffi pour
payer en entier l'établissement du réseau des chemins
de fer algériens, ou pour payer presqu'en entier le
budget de l'armée d'occupation évalué aujourd'hui à
40 millions.

Voilà comment la centralisation administrative a
compris la gestion de la colonie Elle a réussi :

1º A mettre les colons venant de France et d'Europe
à la *diète* de terres à coloniser.

2º A opérer sur la population civile *une saignée* de
14,172,000 fr.. c'est à dire de 75 fr. 86 c. par tête et
par an.

3º Enfin à laisser perdre annuellement 39 millions
qu'on pourrait exiger en sus des indigènes en suppri-
mant la hiérarchie des fonctionnaires arabes.

Certes, un nouveau lord Chesterfield aurait raison
de dire à son fils : « Allez mon fils, allez voyager
« dans les pays soumis à la centralisation administra-
« tive, et vous verrez combien peu de sagesse préside
« à ses conseils.

M. Cobden, qui a récemment visité notre colonie,
n'a pu s'empêcher de s'écrier : « l'Algérie est un ad-
« mirable pays, mais qui est en pleine banqueroute. »

V.

La première chose qui frappe le voyageur arrivant
en Algérie, c'est l'absence de navires de commerce
dans nos ports. C'est le silence et la solitude de nos
quais, et certainement ceux de nos lecteurs qui n'ont
pas vu cet affligeant spectacle auraient de la peine à

ajouter foi à nos paroles, si la centralisation administrative n'avait pris soin elle-même de nous en fournir des preuves.

L'édilité d'Alger a eu l'an dernier la triomphante idée d'installer le *fac simile* de la foire d'Alger sur le principal quai désert, en sorte que pendant tout le mois d'octobre ce quai a été envahi par des carrousels de chevaux de bois, des baraques de saltimbanques, des boutiques de jeux, des cabarets et des boutiques de jouets d'enfants, seules industries qui aient jamais paru à cette foire a la Potemkin, et cela sans avoir le moins du monde gêné un commerce qui n'existe pas, car toutes les exportations de l'Algérie ne dépassent pas annuellement 400,000 tonneaux.

Si ce même voyageur pénètre dans l'intérieur du pays, tout est mort, le mouvement y est absent partout. Passé une zône assez étroite, il ne rencontre plus de routes, il n'y voit que quelques chemins que le grand ingénieur du pays (le soleil), rend carrossables l'été seulement mais qui, aux premières pluies, deviennent des cloaques impraticables. M. le duc de Malakof a dû, l'an dernier, lors de sa tournée dans le pays, envoyer des troupes pour réparer les routes qu'il avait à parcourir.

A quatre lieues d'Alger, au gué de Constantine, il n'y a pas de pont; les diligences passent l'Arrach en ayant de l'eau jusqu'au dessus des roues, en sorte que les voyageurs sont obligés de descendre, pour passer l'eau, sur une sorte de bac desservi par l'artillerie.

Tout se ressent de la fâcheuse influence de la centralisation administrative; elle a tout absorbé. La vie communale et municipale n'existe nulle part. Il y a bien quelques simulacres de communes, mais partout les maires et les conseillers municipaux ne sont que des agents de la centralisation, nommés par elle et ne provenant nulle part de l'élection. Les populations n'ont pas même le droit de présentation.

Il est clair que les pseudo-communes de l'Algérie n'ont été inventées par la centralisation, que pour mettre à la charge des populations toutes les dépenses municipales, sans leur laisser la liberté de choisir le moment opportun de faire ces dépenses.

Aussi, tandis que les villes et les campagnes sont accablées de taxes, on voit partout les ressources des habitants employées à des travaux dont l'urgence est contestable. Dans Alger, l'édilité a fait à grands frais une plantation d'orangers qui sont à la veille de périr. Aujourd'hui on vient de prélever sur les contribuables une somme considérable pour niveler le sol des arcades des rues principales, tandis que les communications vicinales sont partout fort mal entretenues ou à faire.

Partout des travaux superflus, tandis que les créations utiles sont en souffrance. Si au lieu d'avoir pour édiles des proconsuls au petit pied de la centralisation administrative, on avait des magistrats municipaux choisis par les intéressés, en serait-on à attendre les avis de la presse pour satisfaire aux besoins des populations.

Nous lisons dans l'*Akhbar* du 17 avril 1862, une réclamation pour avoir une fontaine dont le quartier d'Isly manque aujourd'hui. Il est probable que tous les membres de l'édilité algérienne ont des fontaines presqu'à leur porte. Quand Auguste avait bu, la Pologne était ivre.

Tout cela nous rappelle une gravure ayant pour titre : *Danse philosophique*. On y voit un bal dont les personnages sont représentés de la ceinture à la tête, parés de toutes les superfluités du luxe, tandis que le reste du corps offre l'aspect de hideux squelettes.

L'Algérie offre le même aspect, les villes parées sont la tête et le reste du pays est le squelette.

Certainement si les contribuables nommaient leurs administrateurs municipaux, ils choisiraient des hommes plus économes de leurs bourses et plus prévoyants de leurs besoins

On parle sans cesse d'établissements de crédit agricole : ils sont impossibles. Qui prêtera à des gens accablés d'impôts et chargés d'entraves. Le meilleur établissement du crédit agricole serait de laisser aux colons toutes leurs ressources.

Il est cependant une population qui prospère à Alger, c'est celle des usuriers, les juifs, des maltais et des italiens. Elle a su si non s'affranchir de l'impôt, du moins échapper aux entraves de l'administration. Les usuriers, les juifs, les maltais et les italiens ne cultivent pas, ne demandent point de terres, évitent tout contact avec la bureaucratie ; les usuriers spéculent sur la misère publique, les juifs se sont emparés de tout le commerce du détail, les maltais et les italiens tiennent des gargottes et des restaurants de bas étage. Tous consomment fort peu. Aussi est ce merveille de voir les juifs acheter peu à peu tous les immeubles d'Alger. Les maltais et les it liens ramasser des pécules qu'ils emportent dans leur pays.

Est-ce donc pour enrichir les usuriers, les juifs, les maltais et les italiens que la France a conquis l'Algérie ?

L'administration et les impôts sont donc les obstacles les plus invincibles de la colonisation, l'une en paralysant complètement l'initiative individuelle ou celle des associations, les autres par l'énormité des charges qu'ils font peser sur les colons.

VI.

Lorsqu'en 1845, nous publiâmes notre dernier ouvrage sur l'Algérie. sous le titre *Des départements algériens*, nous avions une foi entière dans la puissance créatrice de la centralisation administrative, c'est pourquoi nous demandions l'assimilation complète de l'Algérie à la France.

Nous commettions une grande erreur qu'il est temps de réparer.

Nous avions oublié qu'en France il existe une nation de 36 millions d'habitants tout installée dont la vitalité et la force impulsive voilent l'impuissance radicale de la centralisation administrative. Nous avions oublié que cette population manque en Algérie.

Mais depuis quinze ans que nous avons vu cette centralisation *seule à l'œuvre*, nous avons parfaitement compris la définition qu'en donne M. de Tocqueville. *Toute puissante à tout empêcher et impuissante à rien créer.*

Voilà pourquoi, aujourd'hui nous répudions l'assimilation de l'Algérie à la France. Elle n'aurait pour résultat que d'y consolider la centralisation administrative.

Quelques personnes nous ont accusé de faire à la centralisation administrative une opposition systématique, nous espérons que nos lecteurs nous disculperont de cette accusation ; surtout en pensant à l'effort que nous avons dû faire pour abandonner le système d'assimilation pour lequel nous avons longtemps combattu. Il a fallu, en effet, toute la force de l'évidence pour changer nos convictions.

Nous avons même acquis la certitude que la haute Administration de l'Algérie a la conscience de la réalité de toutes nos assertions et qu'elle la déplore. En effet, si tout allait le mieux du monde, dans la meilleure des colonies, comme diraient les Pangloss de la centralisation, pourquoi M. le maréchal duc de Malakof aurait-il proposé au Gouvernement d'élargir partout les barrières qui arrêtent l'initiative des capitaux privés et des populations. Or, n'est-ce pas décentraliser que d'accroître la part de liberté et d'action qui leur revient.

M. le Maréchal Vaillant, dans son rapport du 20 mai 1854, dit : « En France, le rôle du Gouverne » ment, comme celui des administrateurs est de » *conserver* et *d'améliorer*; en Algérie, il est de » *créer, de créer la colonisation, de créer des vil-* » *lages, des villes même, des voies de communica-* » *tion. etc. etc.* »

Nous admettons pleinement que le rôle du Gouvernement soit de conserver et d'améliorer, mais nous persistons à croire que c'est une grande erreur que d'attribuer au Gouvernement ou à l'Administration le rôle de *créer* des vilages. des villes, la colonisation. Nous l'avons surabondamment prouvé.

Cependant, nous ne faisons aucun doute qu'à Paris, la centralisation administrative fera une énergique résistance à sa suppression. Elle veut vivre, vivre à tout prix.

Si c'est là l'intention du Gouvernement métropolitain, il en est certes bien le maître, il est le maître d'enfouir stérilement en Algérie les trésors de la France à la plus grande gloire de la centralisation administrative. Mais alors il faut renoncer à coloniser l'Algérie et le plus tôt sera le mieux.

Si, au contraire, le Gouvernement métropolitain consulte les faits accomplis, il reconnaîtra la vraie cause de l'allanguissement toujours croissant de la colonie et la supprimera.

Mais demandera-t-on ; que mettrez-vous à la place de la centralisation : nous répondrons sans hésiter, *la liberté*, non cette liberté qui tend sans cesse à supplanter le Gouvernement, mais la liberté au peuple de veiller lui-même à ses intérêts et de n'en confier la gestion qu'à des hommes de son choix, mais la mise en pratique réelle de la maxime que si on peut bien gouverner de loin, on n'administre bien que de près.

On se tromperait étrangement si on interprétait cette maxime, en investissant l'Administration algérienne des pouvoirs qu'on ôterait à celle de Paris ; on n'aurait fait que déplacer la centralisation administrative au lieu de la supprimer.

Selon nous, *administrer de près* c'est placer l'Administration où elle doit être ; c'est-à-dire entre les mains même des administrés.

N'est-ce pas le peuple qui produit, n'est-ce pas à lui qu'est dévolue cette action réparatrice qui pourvoit à la fois aux besoins de la nation et aux dépenses du gouvernement ? N'est-ce pas le peuple qui, selon les expressions très-justes de M. Proud'hon, recherche et découvre les gisements de la richesse, qui invente les moyens les plus économiques de se la procurer, qui la multiplie, soit par des façons nouvelles, soit par des combinaisons de crédit, de transport, de circulation, d'échange ? N'est-ce pas le peuple qui *crée tout de rien* ? Dès lors, n'est-ce pas lui qui doit, dans ses propres affaires, aviser, définir, organiser, commander, c'est-à-dire *administrer*.

Où pourrait-on placer dans tout cela l'action de la centralisation administrative ? Certes nulle part sans y apporter une pierre d'achoppement.

L'intérêt particulier sait mieux discerner ce qui lui est utile que les administrations, il peut sans doute se tromper quelquefois, mais il se corrige promptement par la pratique, tandis que les administrations ne s'aperçoivent de leurs erreurs qu'après les désastres et lorsqu'il n'est plus temps d'y remédier. Lorsque l'administration d'un pays où tout est à faire, est laissée aux populations, elles apprennent promptement qu'en travaillant pour la prospérité et la richesse publique, elles travaillent pour leur propre prospérité et leur propre richesse.

Depuis que nous voyons agir, en Algérie, la centralisation administrative, nous avons souvent ri de la définition que certain légiste, (Foucart,) donne d'une des attributions des Préfets, en disant qu'ils sont *les procurateurs d'action*. On peut, d'après l'expérience faite en Algérie, affirmer qu'en réalité, lorsqu'il s'agit de créer, ils ne sont que les *procurateurs d'inertie et d'impuissance*.

VII.

Le tableau que nous venons de tracer de l'Algérie est sombre et peut-être décourageant, mais quand on veut guérir une plaie profonde il faut oser la sonder afin d'y pouvoir appliquer le remède.

Or voici, dans une rapide analyse, ce qui nous paraît le plus urgent à faire.

Il existe une population arabe que nous ne pouvons supprimer, que dis-je, supprimer, qu'il faut précieusement conserver, car sans elle nous n'aurions ni blé ni bestiaux, les deux premiers éléments de l'existence.

D'un autre côté, il y a nécessité, pour assurer définitivement à la France la possession de l'Algérie, d'y appeler une population française et non étrangère, capable, par son nombre, de résister à toute agression de la part des arabes et qui permette, sans que la colonisation puisse être anéantie, de faire évoluer l'armée, de la rassembler sur le littoral pour résister à toute éventualité d'attaque par mer ou sur les frontières, particulièrement sur celle de l'ouest, pour prévenir les difficultés que pourraient nous susciter deux puissances qui ont évidemment des vues sur le Maroc.

Nous estimons que ce noyau de population agricole française doit être d'un million d'âmes. Pour installer ce million de français il faut environ 3 millions d'hectares à raison de 15 à 20 hectares par famille de 6 personnes.

Nous avons dit que la partie cultivable de l'Algérie contenait environ 12 millions d'hectares peuplés par 2 millions d'indigènes. On peut considérer les familles indigènes comme composées de 8 personnes, car presque tous les nomades ont plusieurs femmes Il y a donc 250 mille familles arabes qui jouissent en moyenne de 48 hectares.

En détournant 3 millions d'hectares des 12 millions couverts par les indigènes, il leur en reste encore 9 millions, savoir 36 hectares par famille sans compter la région des hauts plateaux.

Nous croyons que cet espace est fort suffisant pour permettre de n'apporter pour le moment aucune modification sensible à l'état social des arabes, condition essentielle de sécurité pour nous dans l'avenir.

Mais pour obtenir ces 3 millions d'hectares nécessaires à la colonisation, il faut les acheter et non les prendre par le cantonnement dont nous avons signalé le caractère odieux comme spoliation, et le danger comme devant amener la ruine des arabes, conséquemment une guerre d'extermination.

Trois millions d'hectares achetés à raison de 30 fr. l'hectare formeront une somme à payer de 90 millions. L'opération peut se diviser en dix exercices, ce qui ne grèvera le trésor que de neuf millions de francs par an.

Ces trois millions d'hectares font 1875 lieues carrées, sur lesquelles il s'agit de faire le vide en dix ans, soit sur 629 lieues en moyenne par province.

On n'aurait donc, chaque année, à faire le vide que sur 300.000 hectares soit *en moyenne* sur 100,000 par province.

Cette opération serait confiée aux bureaux arabes qui auraient à faire refluer les arabes déplacés sur les tribus les moins nombreuses eu égard à l'étendue de leur territoire. Il y aurait à examiner à qui devrait être payée l'indemnité de l'achat. Nous pensons qu'elle devrait être partagée par moitié entre les arabes déplacés et ceux qui les recevraient.

Mais pour accomplir cette opération, il est indispensable de supprimer totalement la hiérarchie des fonctionnaires indigènes, car avec leurs habitudes invétérées d'exaction, l'indemnité d'achat finirait certainement par tomber entre leurs mains, dès-lors le but serait manqué.

Cette hiérarchie a fait son temps, et il paraît juste que la France profite enfin des 40 millions qu'elle prélève annuellement sur les indigènes. On la remplacera aisément en multiplant les commandements confiés à des officiers de l'armée.

Mais comme il ne faudra pas moins d'une année pour opérer ce changement, il nous paraît préferable de concéder gratuitement à la compagnie des chemins de fer algériens, les 300,000 hectares à prélever la première année.

Cette concession consisterait en une zône d'un kilomètre de largeur à droite et à gauche de la voie ferrée, elle s'effectuerait au fur et à mesure de l'avancement de la voie, à la condition d'établir sans délai sur ces concessions des familles agricoles françaises et non étraugères.

Citons à ce sujet ce qu'à dit M. le général Daumas dans la séance du Sénat du 27 février dernier.

« Vous le voyez, Messieurs les sénateurs, nous sommes dans un impasse. Pour en sortir, suivant moi, il n'y a plus qu'un moyen : c'est celui de décider à tout prix, s'il en est encore temps, les capitalistes à tourner leurs yeux vers l'Algérie.

» Mais comment y parvenir? En faisant tout simplement le contraire de ce que l'on a fait jusqu'ici, c'est-à-dire en leur accordant des avantages tels, qu'au lieu de les repousser il les attire.

» Lorsque la France a voulu mener à bonne fin l'entreprise gigantesque de ses chemins de fer, est-ce qu'elle a reculé devant les sacrifices ? Est-ce qu'elle a hésité à éoncéder d'énormes avantages aux capitaux qui s'engageaient dans cette grosse affaire ? Non; subventions, monopoles, minimums d'intérêt, elle a tout accordé sans réserve, et ses chemins de fer ont été faits.

« Sans aller chercher mes exemples à l'étranger, savez vous pourquoi, dans notre pays basque, en émigré aujourd'hui sur les bords du Rio de la Plata ? C'est parceque les premiers montagnards des Pyrénées qui s'y sont rendus, y ont conquis facilement une honnête aisance, qu'ils en ont fait part à leurs parents, à leurs amis, et que ces parents, ces frères et ces amis vont les y rejoindre.

« Le jour où, au lieu de ne rencontrer dans nos ports, dans nos villes, à Paris, que des colons pauvres, mécontents, désillusionnés, on en verra quelques-uns riches, prêchant d'exemple et racontant leurs succè, ce jour-là la question sera résolue (Très-bien ! très-bien !)

« Mais pour que ce jour arrive, il ne faut pas persister à croire que la terre donnée, vendue ou concédée en Algérie a, dès aujourd'hui, la valeur des terres de la Beauce ou de la Normandie. Il faut, au contraire partir de ce principe que tout individu ou toute compagnie sérieuse, qui veut bien accepter cette terre pour y enfouir ses capitaux et y dépenser son intelligence et sa vie, n'est nullement notre obligé quand il nous rend un grand service.

« Ce sont ces capitalistes, messieurs, qui, mus par leurs intérêts personnels et le vif désir de réussir, sauront mieux que nous, mieux que l'État, trouver et conduire en Algérie la population, les bras qui lui manquent et sans lesquels nous nous consumerions en vains efforts. »

Quant aux 2.700,000 hectares sur lesquels il y aura à faire le vide dans l'espace de neuf ans, ils seront concédés à la même compagnie, mais cette fois-ci à titre onéreux, car il est évident qu'ils auront acquis une valeur vénale sur laquelle la compagnie trouvera certainement à couvrir les frais d'installation des colons. Il est donc probable que le trésor n'aurait à débourser que les 9 millions de la première année.

Il sera cependant utile de mettre à ces concessions à titre soit gratuit soit onéreux une condition essentielle, c'est d'interdire à la compagnie de sous-louer ces terrains à des indigènes, comme le fait actuellement la comgagnie Génevoise. Il serait en effet absurde de confier, l'œuvre de la colonisation à des compagnies qui ne sauraient qu'introduire des indigènes sur leurs concessions : le but serait manqué. Il y aurait même opportunité de forcer la compagnie Génevoise de couvrir de colons européens ses 15,000 hectares, ou de les retrocéder à l.Etat.

Voilà la tâche du Gouvernement dans l'œuvre de la colonisation. Il est incontestable d'après ce que nous avons exposé précédemment sur l'impuissance radicale de la centralisation administrative qu'il faut débarrasser l'Administration de toute action soit directe soit indirecte sur la colonisation et la réduire au rôle que lui assigne en France M. le maréchal Vaillant. savoir de *conserver* et *d'améliorer*.

Abordons actuellement les considérations relatives à la conservation de ce qui existe en Algérie.

Il est clair que les colons ne peuvent plus supporter les impôts dont ils sont accablés, impôts qui leur enlèvent toutes leurs ressources et conséquemment les privent de tout moyen d'action.

Ecoutons encore ce que dit M. le général Daumas :

« Afin qu'il n'existe plus de droits de douanes, qui puissent frapper aucun des produits de l'Algérie quand ils entrent en France, soumettons l'Algérie, dans son mouvement commercial avec l'étranger, aux tarifs des douanes françaises. En d'autres termes, proclamons l'assimilation entre la France et l'Algérie sous le rapport douanier. sauf quelques exceptions. pour certains produits étrangers dont nous avons encore besoin pour la colonisation et qui entrent aujourd'hui francs de droits. Je citerai les houilles, les bois de construction, les fontes et autres matériaux propres à bâtir, les graines pour semences, les plans d'arbres et les animaux de reproduction qui entrent aujourd'hui francs de droits. Rendons de plus en plus faciles les rapports du commerce avec nos frontières de terre, avec le Maroc, la Tunisie et l'intérieur de l'Afrique. Pourquoi ces prohibitions et ces entraves apportées au commerce algérien, Craindrait-on de voir les marchandises anglaises passer par l'Algérie pour entrer en France?

Voyez-vous une pièce de cotonnade anglaise, sortie de Manchester envoyée à Tanger, dirigée sur Fez, parvenue à Tlemcen. de là à Mascara. et plus tard, si vous le voulez, dans la plaine de la Mitidja. Comment, à dos de mulet, pendant trente ou quarante jours. Evidemment, cela n'est pas sérieux

« Supprimons ce funeste droit de tonnage qui éloigne les pavillons étrangers des ports algériens.

« Abrégeons, autant que possible, les lenteurs administratives, et tirons largement parti de l'élément indigène. »

Nous ajouterons aux paroles de l'honorable général. les suivantes : suppression jusqu'à l'accession d'un million de colons :

1° des droits de douane, d'octroi de mer sur les produits de France à leur entrée en Algérie; la douane ne devant être conservée que pour empêcher les produits étrangers de venir se naturaliser en Algérie, afin de profiter de l'entrée sans droits en France;

2° Du timbre, des contributions directes et indirectes, abaissement des droits d'enregistrement; en un mot, suppression de tout ce qui fait la vie chère dans la colonie. sachons semer, avant de vouloir récolter.

Quand tout cela sera fait, qu'on donne à l'Algérie dans toute sa vérité le régime municipal, l'élection pour les conseils municipaux et même pour les maires, *l'élection* pour les conseils généraux et même pour le conseil colonial si on en crée un. Alors seulement. la colonie détachée de l'ombilic de la centralisation administrative, vivra de sa vie propre.

Mais rien ne serait fait si ces conseils restaient sous l'omnipotence des Préfets, et surtout si leurs décisions pouvaient être infirmées par eux.

Sous l'empire de cette liberté administrative, le concours des compagnies sérieuses qui, jusqu'à présent se sont abstenues, ne saurait manquer à la colonisation, et nous avons la conviction que dans dix ans. le million de colons nécessaire à la prise de possession réelle de l'Algérie y sera établi.

Alors, ce ne seront plus 23 millions arrachés à une

misérable population, qu'on sera en droit d'attendre de la Colonie, mais bien bien cent millions, savoir :

Pour 2,000,000 d'arabes taxés an- nuellement à 25 fr. par tête. . . .   50 000,000 fr.

Pour un million de colons, taxés taxés comme en France, à 50 fr. au lieu de 75 fr.   50,000,000

Total. . . .   (1) 100,000,000 fr.

Voilà la perspective qui nous est offerte dans dix ans.

Et, afin que l'on ne puisse douter de la possibilité de ce résultat, nous citerons un exemple.

Il y a 22 ans, la colonie anglaise australienne *Victoria*, n'avait pas un acre de terre cultivé, elle commençait.

Sous l'empire de la liberté, elle a aujourd'hui 520 mille habitants, 320,000 de plus que l'Algérie ; son budget des recettes est de 75,000,000 de francs, votés spontanément par la Colonie. (51 millions de plus que l'Algérie).

Mais aussi, les Anglais, corrigés par le souvenir de ce qui leur est arrivé à la fin du siècle dernier en Amérique, accordent la liberté administrative aux Colonies les plus lointaines, les plus modestes; cha- cune d'elles a son parlement, son budget spécial, son administration propre. La métropole n'y exerce que le droit de souveraineté au moyen d'un gouverneur général dont l'unique fonction est de veiller à l'exé- cution des lois.

A côté du budget des recettes, témoignage de prospérité, figure le budget des dépenses, témoignage d'intelligence.

On y remarque que 2,260,000 fr. sont consacrés à l'éducation; 600,000 fr. à des recherches scientifi- ques; 625,000 fr. à des améliorations sanitaires,

---

(1) Il est plus que probable qu'à côté d'un million de population agricole, viendra s'établir un autre million de population indus- trielle et commerciale, ce qui porterait le budget des recettes à 150 millions de francs.

17,500,000 fr. *aux travaux publics*, 200,000 fr. *à une bibliothèque nationale*: 200.000 fr. à l'établissement d'une université libre ; 625,000 fr ont été votés pour les victimes de l'insurrection indienne, et 11,200,000 fr. restent en réserve dans le Trésor public.

Qu'on essaye donc de ce régime en Algérie. Il est probable qu'on y puisera d'utiles leçons pour réformer et simplifier le code administratif de la France, code que l'Europe nous envie, dit quelque part M. Thiers, le plus chaud défenseur de la centralisation administrative, et que cependant elle ne se hâte pas d'adopter,

« *Décentraliser*, dit M. Béchard, n'est pas rompre le
« lien qui unit les unes aux autres toutes les parties
« du corps social ; c'est détourner de la tête un excès
« de vitalité , faire circuler le sang dans les veines ,
« ranimer les membres paralysés et augmenter la
« force générale de tout ce qn'auront acquis les forces
« locales. »

VIII.

Avant de terminer, qu'il nous soit permis de rendre justice à qui de droit, à M. le Maréchal Randon, qui a eu la gloire de mettre fin à la guerre, par la conquête de la grande Kabylie, et qui malgré les entraves de la centralisation administrative a trouvé le moyen de remplir sa longue période de commandement par de nombreuses et utiles créations, dont une des plus importantes a été de rendre la vie au Sahara, par la création, sous l'habile direction de M. le général Desvaux, de nombreuses fontaines artésiennes

A M. le Maréchal Duc de Malakof, qui s'est fait le promoteur de toutes les libertés qui manquent à l'Algérie.

F^s LEBLANC DE PRÉBOIS.

Ex-représentant de l'Algérie à l'Assemblée constituante.

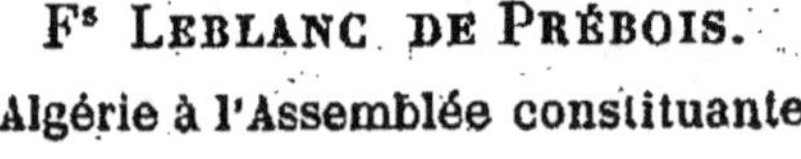

ALGER IMPRIMERIE BOUYER, RUE CHARLES-QUINT, 5.